MW01708061

献给路易丝和娜塔莎。

给我两个，给你一个
Gei Wo Liang Ge Gei Ni Yi Ge

出版统筹：赵运仕
质量总监：孙才真
策划编辑：柳　漾
责任编辑：方　婧
助理编辑：闫　函
责任美编：潘丽芬
责任技编：郭　鹏

Zwei für mich, einer für dich
Author & Illustrator: Jörg Mühle
Copyright © 2018 by Moritz Verlag, Frankfurt am Main
Simplified Chinese edition copyright © 2022 by Folio (Beijing) Culture & Media Co., Ltd. in association with Guangxi Normal University Press Group Co., Ltd.
Simplified Chinese language edition arranged through Beijing Star Media Agency, Beijing & mundt agency, Düsseldorf
All rights reserved.
著作权合同登记号桂图登字：20-2021-184 号

图书在版编目（CIP）数据

给我两个，给你一个／（德）约克 · 穆勒著、绘；刘海颖译 . -- 桂林：广西师范大学出版社，2022.1
（魔法象 . 图画书王国）
ISBN 978-7-5598-4462-0

Ⅰ. ①给… Ⅱ. ①约… ②刘… Ⅲ. ①儿童故事－图画故事－德国－现代 Ⅳ. ① I516.85

中国版本图书馆 CIP 数据核字（2021）第 231132 号

广西师范大学出版社出版发行
（广西桂林市五里店路 9 号　邮政编码：541004
网址：http://www.bbtpress.com）
出版人：黄轩庄
全国新华书店经销
深圳市精彩印联合印务有限公司印刷
（深圳市光明新区白花洞第一工业区精雅科技园　邮政编码：518108）
开本：889 mm × 1 194 mm　1/16
印张：2　　字数：20 千
2022 年 1 月第 1 版　2022 年 1 月第 1 次印刷
定价：46. 80 元

如发现印装质量问题，影响阅读，请与出版社发行部门联系调换。

给我两个，给你一个

〔德〕约克·穆勒 / 著·绘
刘海颖 / 译

GUANGXI NORMAL UNIVERSITY PRESS
广西师范大学出版社
·桂林·

在回家的路上，大熊发现了三个蘑菇。

和大熊住在一起的黄鼠狼超级开心。

他把蘑菇洗干净，煎了煎，然后撒了点儿盐和胡椒，又加了一些香菜，最后放到沉甸甸的平底锅里炖了炖。

大熊开始分蘑菇。

“给你一个蘑菇，给我一个蘑菇。”他说，“再给我一个，这样就公平了。我的个头大，所以必须多吃。”

黄鼠狼可不同意："给你一个，给我一个，再给我一个。这样才公平！我的个头小，我还得长个呢。"

“给你一个，给我两个，这样才公平。因为蘑菇是我找到的。”

"这样一点儿也不公平！你只是把它们给带了回来！其他的活儿都是我干的！是我把蘑菇洗干净，煎成了脆脆的金黄色，也是我撒上调料，把它们放在沉甸甸的平底锅里炖！我还加了香菜！"

“可这个烹饪方法也是我的！我还铺好了桌布！而且，我比你更爱吃蘑菇！”

“蘑菇一直就是我最爱的美食！而且我已经饿坏了！你听，我的肚子叫得多响！”

“等一下！我个头比你大多了，所以，我肯定比你更饿！我的肚子叫了整整一天，现在连声音都变哑了。”

"可是，是我先说肚子在叫的！"

“可是，是我先说想吃第三个蘑菇的！”大熊说。

“吃太多蘑菇，对小黄鼠狼来说，不健康！”

黄鼠狼说：“少吃一个你又不会出事！”

“对大胖熊来说，更不健康！”

“够了！给我两个，给你一个。不要再啰唆了！”

“那你以后就不是我的朋友了！”

“嘿！”

大熊和黄鼠狼惊呆了。

“太不像话了！”他们大声喊。

“太不公平了！怎么这样？！”

“这个家伙竟然偷走了我们的蘑菇！”

不过，他们现在总算可以享用美味了！

蘑菇太好吃了。

接下来还有饭后水果。

“野草莓！”大熊开心地叫了起来，
“我最爱的水果！一直都是！”

现在轮到黄鼠狼来分……